AF276112

Pintura

Federico García Lorca
y otros
María Blanchard

casimiro

casimiro [*casimoroa edulis*]

Diseño cubierta: Rossella Gentile
En cubierta: María Blanchard, *Tête de jeune fille*, hacia 1930
   colección privada

© Casimiro libros, Madrid, 2024
   Todos los derechos reservados
   www.casimirolibros.es

ISBN: 978-84-19524-29-4
Depósito legal: M-9320-2024

Impreso en España

Índice

A PROPÓSITO DE MARÍA BLANCHARD
TEXTOS DE

Salvo los de Manuel Arce y el segundo de Ramón Gómez de la Serna, los textos aquí reproducidos fueron inicialmente reunidos por la Galería Biosca de Madrid en un excelente catálogo impreso con motivo de la exposición que dicha galería, fundada por Aurelio Biosca, dedicó, en 1976, a María Blanchard.

María Blanchard

Manuel Arce

Fue en su número de mayo de 1932, cuando la *Nouvelle Revue Française* nueve de mayo años, publicaba un emocionado artículo de André Lhote sobre su compañera la pintora española María Blanchard, a quien, unos cuantos amigos, muy pocos, habían dado tierra un mes antes en el cementerio de Bagneaux. "Los artistas de gran clase –se dolía Lhote en su artículo–, se van sin ruido. Para echarlos de menos habría que haber tenido en cuenta su presencia. Pero, ¿quién, además de diez pintores, unos cuantos "amateurs" amigos y un joven marchante se fijaron alguna vez en la pintura de esta criatura extraordinaria?". Las palabras de André Lhote, pintor y teórico del cubismo, han permanecido ahí como un reto de acusante actualidad, hasta hace muy pocos años.

Presencia de su obra en España

En vida de la artista, sólo una vez –dejando aparte las periódicas aportaciones en su época de estudiante a las

Exposiciones Nacionales–, sólo una vez su obra fue expuesta en Madrid. Sucedió con motivo de la exposición *Pintores Integros* organizada por Ramón Gómez de la Serna. Y en Santander, su tierra natal, tan sólo en el mes de julio de 1932 (tres meses después de su muerte), descubrimos su nombre en una exposición colectiva titulada *Arte Regional* que el Ateneo de la ciudad organiza en el recinto de la Feria de Muestras. Su nombre figura en el catálogo como María G. Cueto, lo que significa que los cuadros que la han representado son anteriores a 1915. También en 1932 Clara Calderón organiza en el Ateneo madrileño una velada de póstumo homenaje que da motivo a que Federico García Lorca, que no la había conocido personalmente, escriba sobre su obra. Más tarde es la Condesa de Campo Alange –impresionada por la gran exposición póstuma que Rosenberg había montado de su obra en París–, quien escribe la primera biografía de la pintora y quien, en colaboración con Eugenio D'Ors, hace posible que en el Primer Salón de los Once celebrado en la Galería Biosca, de Madrid, en 1946, se exhiban seis cuadros de la artista. Desde esta fecha, 1946, hasta 1976, sólo en contadas ocasiones el nombre de María Blanchard salta a la vista en la relación de alguna exposición colectiva. Y sólo gracias a los buenos oficios de José Hierro y al tesón y entusiasmo de Joaquín de la Puente el Museo de Arte Contemporáneo de Madrid pudo enriquecerse con un importante lote de pinturas de la artista. Pero la primera gran exposición de María Blanchard en España –cuando comienza a dejar de ser para el público aficionado esa mítica gran desconocida–, es la que organiza la Galería Biosca en Madrid en octubre de 1976. Exposición que más tarde se repetiría en la Galería Laietana de Barcelona en diciembre de 1976 y en la Galería Sur de Santander, en febrero de 1977.

LA PINTORA

"No me extrañaría nada –vaticinaba Lhote en su artículo– que en un tiempo más o menos lejano, los historiadores del cubismo, olvidándose o rebajando a algunos *puros*, para quienes la pipa o una botella encierran más emoción que un rostro humano, consideren a María Blanchard como un héroe de este movimiento prodigioso". Pero, ¿quién era María Blanchard? ¿Quién era esta pintora a quien Lhote se refiere con tanta admiración (llegó a decir de ella que *estaba rayando con el genio*) y que había muerto en medio de una total indiferencia cuando el París de aquel abril de su muerte era todo él como un gran *marché des fleurs* recién pintado por la primavera?

Nace María Blanchard (María Eustaquia Adriana Gutiérrez-Cueto Blanchard) el 6 de marzo de 1881 en la santanderina calle de Santa Lucía y es bautizada en la parroquia del mismo nombre. Es hija de Enrique Gutiérrez-Cueto y de Concepción Blanchad Santisteban. Familia liberal, perteneciente a la alta burguesía montañesa. Familia con sólido y tradicional prestigio intelectual. Su abuelo paterno fue fundador, en 1857, del periódico *La Abeja Montañesa*. Y su propio padre, secretario de la Junta de Obras del Puerto, muy aficionado a la pintura, creó a su vez, en 1886, *El Atlántico*.

Doña Concepción Blanchard (hija de padre francés y abuela polaca), al intentar subir al estibo de una calesa no logra alcanzarlo y cae al suelo. Esta caída iba a señalar para siempre el cuerpo de la criatura de cuyo embarazo se hallaba en adelantada gestación. La niña nace deforme.

Desde que María despierta "a la lucidez y se da cuenta del contraste entre su vida y la vida –diría Ramón Gómez de la Serna–, se propone un ideal de perfección en ése espejo indirecto que es el lienzo". María, la niña, como casi todos los niños, pinta y dibuja. Y el padre, intuyendo que aquella dedicación infantil puede llegar a ser un refugio salvador para el espíritu de su hija, le compra lápices de colores, pinceles, modelos para copiar y alienta su vocación artística durante su infancia y adolescencia hasta el punto que, en 1902, recién cumplida su mayoría de edad, María es enviada a Madrid a seguir estudios de dibujo y pintura.

Debieron ser éstos, sus primeros años madrileños, tremendamente difíciles. Pero su vocación, el refugio del arte, le hacía sobreponerse a todo. En las distintas fases de su aprendizaje, la señorita Gutiérrez-Cueto, fue pasando por los talleres de Manuel Benedito, Fernando Álvarez de

Sotomayor y Emilio Sala. Su padre muere en 1904 y su madre, buscando una más fácil salida para sus hijos, se instala en un piso del número 7 de la madrileña calle Castelló. Un tío de María, el tío Domingo, sigue costeando los estudios de la joven y contrahecha pintora. En 1908 concurre a la exposición Nacional de Bellas Artes con un cuadro titulado *Los primeros pasos* que se hace acreedor de una Tercera Medalla. Este modesto éxito de la pintora fue más que suficiente para avivar en ella una maravillosa aventura: viaja a París. Aquel verano, en Cabezón de la Sal (desde la muerte del padre ya no veranean en la aristocrática Comillas), María Gutiérrez-Cueto, *Cuca*, para los familiares y amigos, prepara los escritos con los que ha de solicitar pensiones para estudios a la Diputación y Ayuntamiento de Santander. Pensiones que le son concedidas. No ignora que la dotación económica de las mismas es insuficiente para vivir en París, pero no le importa. Va dispuesta no sólo a estudiar y ver museos, sino también a dar clases. Dispuesta a garantizarse la supervivencia con su trabajo.

PARÍS 1909
María lleva una recomendación para la superiora de un modesto convento de monjas donde se imparten clases y donde encontrará habitación y comida a cambio de su labor pedagógica. Aquel París es todavía el París de la *belle époque* que Toulouse-Lautrec había pintado y que

lloró su muerte ocho años antes. Aquel Toulouse-Lautrec que, a decir de Ramón Gómez de la Serna, fue "el *pendant* de ella en mujer". Un español, triunfador de aquellos años parisinos, Hermaen Anglada Camarasa, la recibe en su taller como alumna. Taller del que un año más tarde saldrá su cuadro *Ninfas encadenando a Sileno* que iba a ser merecedor de una Segunda Medalla en la Exposición Nacional de 1910 y que, por su fuerza y color, a Lorca le pareció que había sido pintado por una alta y vigorosa amazona. "Uno de los cuadros que yo ví en la puerta de mi adolescencia (el año en que se exhibió *Ninfas encadenando a Sileno* Lorca contaba doce años), cuando sostenía ese dramático diálogo del bozo naciente con el espejo familiar". Y añade: "Cuando yo saqué mi cuartilla para apuntar el nombre de María y el nombre de su caballo, me dijeron: *es jorobada*".

Juan Gris, en quien María iba a encontrar un amigo fraternal, se hallaba instalado en el antiguo estudio de Van Dongen, junto a Picasso, en el *Bateau Lavoir* del 13 de la calle Ravignan, y allí acude la joven pintora –como a un santuario del arte nuevo– a visitar a sus compatriotas. Es la primera vez que oye hablar del cubismo. Conoce a Max Jacob, Apollinaire y a Van Dongen. Conoce también a otros artistas españoles: Durrio, Vázquez-Díaz, Manolo Rugué. Y Gris le presenta a un joven marchante alemán: Kahnweiler. Todos la acogieron con simpatía y fueron acostumbrándose a su presencia física, al principio un tanto incómoda, pero que terminaba por olvidarse al ver "sus ojos negros, de mirada profunda, inteligente –describe Campo Alange–. Un rostro interesante y atractivo hundido entre los hombros". Sin embargo, sería en su segundo viaje a País cuando sus relaciones con tantos nuevos amigos se estrechasen. El verano de 1911 lo pasa María en Granada y, luego de una breve estancia en Santander para solicitar nuevas pensiones, regresa de nuevo a Francia. María ha tenido que renunciar a sus clases en el convento. El escarnio diario al que era sometida, la mofa de sus alumnas, ha ido llenando día a día de amargura su solitario corazón de mujer sola. Hacia este colegio "guardará siempre –asegura Campo Alange– un extraño rencor".

La pintora se instala ahora en la calle Vaugirard y pasea por los próximos jardines del Luxemburgo. Ha aprendido mucho con Camarasa, pero las visitas a la calle Ravignan y las lecturas de los apologistas del cubismo Gleizes y Mitzinger han calado en ella hasta descubrirle un nuevo concepto del arte. También su recién estrenado maestro Van Dongen, que viene del expresionismo fauve, dejará una honda huella en la joven pintora. Él, junto a Gris y Lhote, serán los responsables del acercamiento, cada vez más apasionado de María, a las nuevas tendencias pictóricas. Más tarde llegaría a estar totalmente identificada con las teorías cubistas. Junto con Gris, participaría plenamente del espíritu de Céret. Incluso con frecuencia visita a Gris y a Josette en su refugio ceretiano para poder teorizar sobre cubismo. Fueron meses de apasionantes descubrimientos.

BREVE PARÉNTESIS ESPAÑOL

En 1914, al iniciarse la Gran Guerra, María, ya sin la ayuda económica de las pensiones que antes disfrutaba, decide, como tantos otros artistas, abandonar París. Regresa a España y se instala en casa de su madre, en Madrid, en la calle Goya. Estudio en el que dará cobijo a sus amigos Diego Rivera y Lipchitz. Aquí pinta, además de *La Communiante* –que en 1920 será presentado con gran éxito en *Salón de los Independientes*, de París– los cuadros que serán exhibidos en la exposición *Pintores Integros* (1915). Muestra que constituiría la primera manifestación cubista en España. La integraban, además de María Blanchad, Diego Rivera, Gabaría y los escultores Lipchitz y Choco. La exposición armó un auténtico escándalo. La "crítica situada" de la época, puso el grito en el cielo. La policía obligó a retirar el retrato que Diego Rivera había pintado a Ramón Gómez de la Serna. La pintura de María Blanchard no fe entendida y, para ella, aquella fue una amarga experiencia. No así para Ramón. "La nueva simiente ha sido lanzada –dio como balance final de la experiencia– y nosotros reímos y discutimos llenos de fe en la renovación del decorado íntimo de la vida".

La guerra continúa y la posibilidad de un inmediato final no parece vislumbrarse. A María se le hace cada día más apremiante la necesidad de encontrar un trabajo seguro; algo firme, estable, que le dé lo suficiente para vivir. La situación en casa de su madre no es muy cómoda. Unas ganadas oposiciones a cátedra de dibujo la llevan a la Escuela Normal de Salamanca. Pero renunciará a la plaza después de un curso académico lleno de humillaciones. "¿Qué había pasado? –se pregunta Ramón Gómez de la Serna–. En la ciudad pura y llena de luz cumbral se había destacado María como una bruja simbólica para los niños que la seguían y la gritaban por las calles". A lo largo de aquel interminable curso María había tomado una irreversible determinación: dejar España para siempre. Todo la empujaba a ello: desde la incomprensión y la frialdad familiar, hasta los insultos callejeros. Y así sucede. Finalizada la guerra, María Gutiérrez-Cueto se ausenta de España. Nunca más volverá a poner los pies en su patria.

El apellido Gutiérrez-Cueto, con el que firmaba hasta entonces sus cuadros, lo deja también colgado a este lado de los Pirineos. En adelante será María Blanchard.

AÑOS FINALES

Sus viejos amigos –Gris, Léger, Waldemar George, Lhote...– reciben calurosamente a María. Todos la quieren. Es para ellos *la petite Blanchard*. Un ser desvalido y entrañable a quien están obligados a proteger. Ha llegado con bastantes cuadros, muchos de ellos cubistas, y éstos son los que Leonce Rosenberg –a quien Gris le ha presentado– le adquiere. Entre ellos se encuentran algunos de los más admirables pintados durante los años 1916 a 1918: *Bodegón de la botella*, *Periódico y vaso*, *Bodegón de la caja de cerillas...* La venta significa la liberación económica para una temporada y ella espera entregarse por completo a su trabajo. Está en plena fiebre cubista. Son los años de más estrecha amistad con Gris, Lhote y Lipchitz. Los años de sus estancias en Céret formando grupo. Cuando en 1920 su obra *La Communiante* obtiene tanto éxito en el *Salón de los Independientes*, Rosenberg, quien no había querido comprárselo antes, lo adquiere a "un precio moderado" con la promesa de un futuro mecenazgo para su obra. En 1921 Rosenberg, cumpliendo su palabra, hace una exposición de María Blanchard en su *Galerie de L'Effort Moderne*.

Desde la calle de Maine (donde se había instalado a su regreso de España) María Blanchard huye –siempre asediada por vecinos molestos– a un nuevo estudio en la calle Boulard. Tiene cuarenta años y es hipersensible a cuanto le rodea. Sus relaciones con Rosenberg se han deteriorado. Nuevamente está sin dinero. Sólo se sabe amparada por un pequeño grupo de amigos íntimos entre los que se encuentra el matrimonio Rivière, propietarios de *La Nouvelle Revue Française*, a cuya hija Jacqueline tiene como alumna. La fotografía de un *descendimiento* de

16

"raro dramatismo", señala su amiga Isabelle Rivière, decora una de las paredes de su estudio. Algo está ocurriendo en el corazón de la pintora. Es en este mismo año de 1922 cuando Gerardo Diego la conoce. Son presentados por Gris. "Hablaba de España –recuerda Gerardo Diego–, mejor dicho, de los españoles y los montañeses con amargura y al mismo tiempo con avidez de noticias". Es esta época de crisis espiritual una época muy fecunda para su pintura. Trabaja intensamente. Ha vuelto a usar las barras de pastel y el color se posa brillante sobre los papeles: *La convaleciente, La comida, Niños, La lectura*. Cuando un tema le gusta mucho, primero lo dibuja al carbón, luego lo pinta al *pastel* y más tarde lo lleva al lienzo. De muchos de sus cuadros se conocen, apenas con mínimas variaciones, dos y tres réplicas. Sus temas preferidos son las maternidades –¡Cuánto frustrado amor!–, los niños, las cabezas femeninas, las faenas artesanales. Ya han quedado lejos los férreos años del cubismo. De aquella época le queda la sabiduría y el rigor por la composición. Ahora su estilo es ya inconfundible. Todo se muestra en formas rotundas. La suya es una pintura llena de biselados con reflejos fríos y metálicos. Pinta obras como *La niña del brazalete, Maternidad, El carro de helados, El niño del globo*. Cuadros que representan magistralmente esta época postcubista y que figurarán en la exposición de Bruselas de 1923. Pero sus años finales están cerca. Apenas se cuida. Se siente llamada por Cristo y está dispuesta a renunciar al mundo y a vestir hábitos. Para su amiga Consuelo Berges, la *conversión* de María pudo tener dos hondas raíces: una, la muerte de Juan Gris (Gris muere el 11 de mayo de 1927); otra, el choque emocional que tuvo que recibir la artista "tan sola, tan desvalida de amores humanos", cuando aquella adolescente bellísima que era su discípula Jacqueline Rivière dejó los pinceles para vestir hábito en un convento de Ursulinas. Podríamos añadir también los "ejemplos" de otros dos amigos suyos: la conversión del poeta Max Jacob y la de Paul Claudel (quien había dedicado a María su poema *San Tarsicio*). Teniendo en cuenta el agnosticismo de María Blanchard, Consuelo Berges estima que no debe hablarse de un "retorno" a la Iglesia Católica, sino de una auténtica "conversión". Tampoco debe olvidarse ni ignorar el agnosticismo liberal de la familia de la pintora. Josefina de la Maza en su obra *Vida de mi madre, Concha Espina*, afirma: "En aquel tiempo, María, al igual que Matilde (se refiere a la diputado socialista Matilde de la Torre, prima hermana de María), no practicaba la religión". A decir verdad, la familia Rivière, profundamente católicos habían sido los artífices de dicha conversión. Conversión que, por otra parte, fue una de las muchas que se produjeron, como si de una moda intelectual se tratase, en la post-guerra de los años veinte.

María Blanchard iba a morir casi sorpresivamente. Va a morir de pena, de soledad. Los últimos meses ya apenas quiere ver a nadie. Consuelo Berges, que había estado viviendo con ella seis meses antes (en octubre de 1931), ha desmentido las aseveraciones de algunos biógrafos en el sentido de que la pintora había muerto tuberculosa. "Estaba muy cansado su corazón –asegura Berges–. Cansado de una vida inclemente, de una lucha durísima y cruelmente oprimido por un esqueleto desbarajustado. Cualquier gripe, cualquier infección respiratoria aguda pudo acabar fácilmente con él, con ella".

"Si vivo, voy a pintar muchas flores", fueron sus últimas palabras de deseo artístico –asegura Gómez de la Serna que dijo–, pero el 5 de abril de 1932, cuando los trenes azules del Mediodía llegaban llenos de flores a París, murió la grande y enigmática pintora española.

en *Los Cuadernos del Norte*, año II, nº 10,
Oviedo 1981

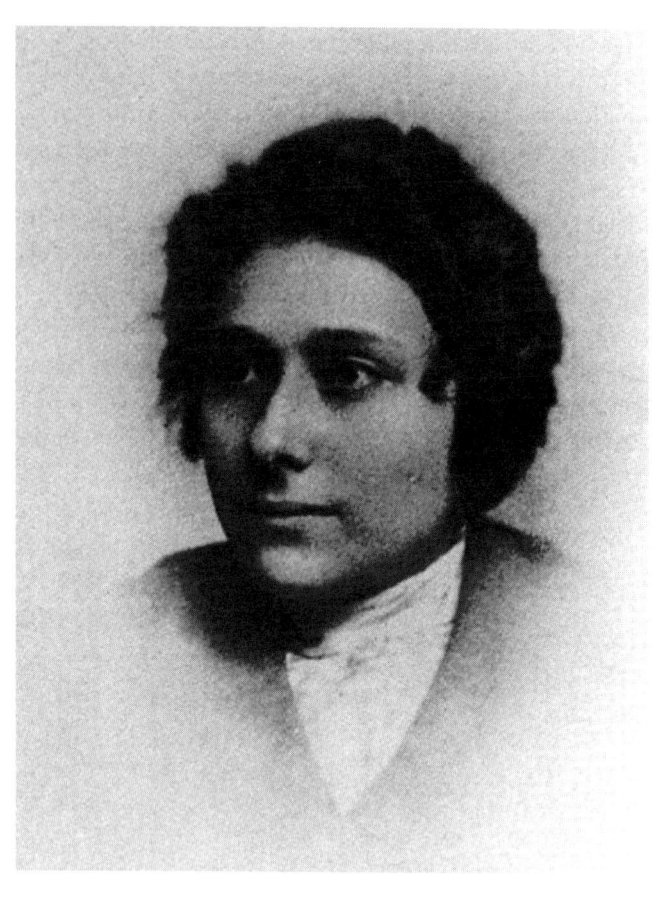

María Gutiérrez-Cueto Blanchard
(Santander, 1881 - París, 1932)
retratada en 1909

María Blanchard

María de Campo Alange

María Blanchard (María Gutiérrez Blanchard) nació en Santander en 1881. Versión que me dio Carmen Gutiérrez Blanchard de la deformidad física, tan decisiva para su destino, de su hermana María. Una señora sube a un coche tirado por un tronco de briosos caballos. Los animales, a punto de arrancar, hacen un brusco movimiento de impaciencia. La señora resbala y cae, sin subir al estribo. Está próxima a ser madre. Una criatura queda marcada, antes de nacer, con el sello de la tragedia.

Poco después nace una niña. Le pondrán por nombre María. La familia le aplicará el característico diminutivo montañés "uca": Mariuca, que en seguida derivara en "Cuca".

Su padre pertenece a una familia muy destacada en la vida intelectual de Santander: los Gutiérrez Cueto. La madre es hija de un francés y de una polaca. Pasados muchos años, esta materna aportación genética permitirá a los críticos señalar cierto "eslavismo", junto al españolismo, en la pintura de María Blanchard: una manera más o menos válida de explicar el dramatismo de una personalísima visión pictórica.

Vive la infancia triste de los niños débiles o enfermos. Ojos negros, de mirada profunda, inteligente; boca grande, nariz afilada, expresión simpática. Un rostro interesante y atractivo hundido entre los hombros. Probablemente, de no ser por su deformidad, la trayectoria de María habría sido la corriente: el amor, un marido, los hijos... Pero el azar torció, con su cuerpo, su destino, y María, naturaleza insumisa, sacará, penosamente, de la negrura de la renunciación, su arte magnífico, hecho a la luz misteriosa de los más tiernos sentimientos.

A los dieciocho años, por iniciativa de su padre, don Enrique Gutiérrez Cueto, secretario de la Junta de Obras del Puerto de Santander, fundador y director de un diario prestigioso, *El Atlántico*, y que practicaba como *hobby* la pintura, María estudia dibujo y pintura. Más tarde, cuando ha triunfado ya, pretende haberlo estudiado sólo por dar gusto a su padre. "Ningún talento –dice con sincera modestia ante el elogio entusiasmado de un admirador–; solamente mucho trabajo". Con una beca de la Diputación de Santander, asiste en Madrid a la academia de Emilio Sala; es también discípula de Anglada y fugazmente de Sotomayor. Por las calles de Madrid, la frágil y sensible muchacha es objeto de burla por los incivilizados niños de nuestra tierra. Algunas mujeres se santiguan a su paso. Sin volver siquiera la vista, María percibe la ofensa, la onda de desprecio o de terror supersticioso.

Madrid y sus maestros de Madrid le vienen ya pequeños. María siente, como tantos otros artistas, el tirón de París. Un hombre extraordinario, muerto hace poco, ha marcado una nueva estética pictórica: Paul Cézanne. El viejo Renoir pinta ya a las mujeres como frutas maduras, y el arte extraño de Gauguin, el fantástico empleado de un banco parisién, se ha impuesto ya cuando desaparece en unas islas lejanas. También Van Gogh, con una vida interior patológicamente intensa, prodigiosamente intensa, de cuya mística entrega a la humanidad es símbolo la oferta de su oreja cortada, ha dejado una obra llena de interés. En París están los maestros del "fauvisme": Van Dongen, Dufy... Y, por último, los jóvenes que van a ser muy pronto creadores del cubismo. Todo esto es demasiado tentador para la imaginación de María. Y decide emprender la gran aventura. Pero ¿cómo? ¿Con qué medios va a contar? Esto, aunque fundamental, para ella es secundario. Por de pronto, lleva resuelta una mínima parte de su existencia: una recomendación para alojarse en un convento de monjas. Desde su celda casi monacal –en aquel París, centro universal del arte–, tenía abierto el camino para el supremo lujo de visitar museos, exposiciones, galerías.

En 1913 vuelve a España, donde trabaja con entusiasmo. En su estudio de la calle de Goya pinta su extraordinaria *Communiante*, que más tarde, expuesta en el Salon des Indépendants, provoca insólito revuelo de la crítica y va a parar nada menos que a un lugar de honor de la Galería Rosenberg. Desaparecida ésta, ¿adónde ha ido a parar la *Communiante*? Se escribió mucho sobre este extraño cuadro. No creo, sin embargo, que sea la mejor obra de María Blanchard. Otras salieron más perfectas de sus manos, pero ésta es quizá, en cierto sentido, más María Blanchard que ninguna otra. Vertió en este lienzo, de un solo golpe, toda la amargura de su infancia y de su juventud oprimida. Es un magnifico grito de liberación cuya estridencia todavía suena como un eco y nos pone en presencia de algo nuevo digno de especial atención.

En medio de tantos ensayos vacíos de ideas *La Communiante* hace exclamar a un crítico de París: "On était subitement mis en face d'un fait scandaleux depuis l'impressionisme: un visage vivant". En 1916, Ramón Gómez de la Serna organiza en Madrid una exposición de artistas nuevos, que él, en su catálogo de presentación, denomina "Pintores Íntegros". Entre los de Bagaria, Agustín Choco, Rivera, aparece el nombre escueto de Gutiérrez, tras el cual esconde María su condición de mujer. Pero un párrafo de esta presentación nos la descubre: "María Gutiérrez –dice– es un ser tan lleno de cosas, tan reservado, tan pleno de ahorros, que nos tiene sobrecogidos". Y añade, como para disculparla: "Ella no es femenina, sino varonilmente maligna..."

Por este tiempo, cuando la ambición artística de María ha llegado a la plenitud en sus primeras experiencias parisienses, la vida le ofrece una modesta solución económica tan deseada años atrás; una plaza de profesora de dibujo en la Escuela Normal (¿o en la de Artes y Oficios?) de Salamanca. Durante años, abrigó el modesto sueño de este profesorado y ahora lo acepta sin ilusión, como único medio de vida. El viejo sueño, realizado, es un martirio. Entre las leyes estrictas de la enseñanza habitual y lo que para ella es el arte hay un abismo. Le parece criminal obligar a sus discípulos a copiar las láminas convencionales preceptivas en las normas docentes oficiales. Discusiones interminables, sufrimientos recónditos, humillaciones... En aquel ambiente mediocre, su ideal se estrella contra la mezquindad de las reglas impuestas. Renuncia al puesto, a la tortura, y se queda, de nuevo, sola y enamorada de su arte.

Y se vuelve a París. Sólo unos lienzos la acompañan.

Todo el mundo conoce la influencia del genio español en la corriente cubista de París. Todo el mundo conoce los dos nombres fundamentales nuestros que figuran en la primera fila del Cubismo: Picasso, Juan Gris. En menor medida, María Blanchard. Puede decirse que esta revolución del arte la representan tres grupos: uno español –Picasso, Juan Gris, Zárraga, Ortiz de Zárate, Rivera, Picabia; otro francés –Braque, Gleizes, Metzinger, Fauconnier, Valmier, Herbin, Léger, Lhote, etc.; más otro eslavo: Apollinaire –el poeta del cubismo–, Marcoussis, Lipchitz, Kupka.

El grupo de jóvenes cubistas acoge a María Blanchard –el Gutiérrez lo dejó en España– cariñosamente, admiran su arte, tienen fe en su obra.

Y toda la Escuela de París, después de su dura lucha, parece como si la invitara a la confidencia, ofreciéndole un ambiente de íntima cordialidad.

Tres de los artistas que encabezan el cubismo sienten por *la petite Blanchard* estimación, amistad y hasta ternura. Son Juan Gris, Lipchitz y Lhote. Los dos primeros forman con ella un grupo y se van al sur de Francia para entregarse con mayor libertad a sus ardientes experiencias teóricas. A pesar de la perfecta camaradería que los une, se hacen sufrir mucho mutuamente. Dotados cada uno de ellos de una fuerte personalidad, les es difícil no intentar, involuntariamente, reducir a los otros dos a la suya propia. María, más que sus compañeros, se siente oprimida dentro de aquellas rigurosas construcciones intelectuales, tan lejos de la ternura espontánea que ella lleva dentro y que quiere brotar sin trabas, lejos de toda teoría.

Unida en la estética con Juan Gris y con Lipchitz, rechaza durante algún tiempo, con una energía que entonces se diría "viril", todo lo que hubiera podido hacer sus composiciones más amables, más comunicativas, para encerrarse en teoría tan abstracta. Tanta energía en su desprendimiento permite suponer hasta dónde llegó a sacrificar la

26

efusión de su ternura hasta llegar a ser la única mujer que practicó, en serio y con categoría, el cubismo rigurosamente puro.

En 1917 vuelve a París, donde vende toda su producción cubista a un negociante de cuadros, y su importe la libera, durante una temporada, de pasar hambre y frío y le permite instalarse sola en un estudio de la rue du Maine. Más que estudio, este local, destartalado y frío, tiene la apariencia de un garaje. Dentro de él lleva una vida absurda y bohemia. Se hace la comida sobre una lámpara de alcohol, y a veces se olvida de comerla, quedando carbonizada sobre la llama o helada en el plato.

Su arte va cristalizando. Cada vez que cierra la puerta a una ilusión entra en su espíritu una nueva visión triste: un niño con cara de pena, un borracho con nimbo de santo o una madre que aprieta a su hijito contra su pecho como si quisiera librarle del poder maléfico de alguna bruja invisible. Es un pueblo de almas que van invadiendo la suya y que más tarde, en la soledad del estudio, surgirán una tras otra, para pasar al lienzo.

La estructura geométrica rige sus composiciones hasta mucho después de haber abandonado el cubismo puro, pero aun en las que están sometidas a reglas domina más el deseo de expresión que la obsesión del volumen y de la línea.

Su vehemente temperamento rompe los diques del cubismo para desbordarse de ternura, y es entonces cuando el arte de María Blanchard alcanza su verdadero sentido.

El año 23 se presenta por primera vez al público belga. André Lhote, en escritos y en conferencias, no desdeña la ocasión ni escatima el elogio sobre María Blanchard. Escribe el prólogo para el catálogo de aquella exposición organizada en Bruselas por "Ceux de Demain" y que reúne veintitrés obras de nuestra pintora.

La fama de que va precedida y la expectación con que se la recibe se refleja en el número de la *Libre Belgique* del 19 de abril del 23, en un artículo firmado por J. M. Dice así: "La tercera exposición de vanguardia "Ceux de Demain" nos presenta a María Blanchard; seguramente Bruselas, después de París en 1921, sabrá saludar en ella una de las formas del genio femenino de nuestra época... "

María, en plena evolución, forma grupo con Lhote y La Fresnaye. Juntos inician el neocubismo. Los unen las mismas ideas estéticas, son más comprensivos y más transigentes entre ellos, pero mientras los dos varones pintan escenas de los puertos o de la vida militar, María, que se ha encontrado por fin a ella misma, pintando sus retratos de niños, juega con los pinceles a la maternidad.

Isabelle Rivière, su gran amiga, escribió sobre María Blanchard un pequeño libro del que tomo extractada su visión directa del modo de ser y de vivir de nuestra pintora en su pabellón de la rue Boulard:

A medio vestir, manchada de pintura la ropa, las manos y hasta la cara; el pelo revuelto, despeinado, en despreocupado desorden. Puestas las anticuadas gafas de metal, roto uno de los lados y recompuesto, desde hacía años, con una hebra de hilo negro. Tras de los cristales, la mirada ardiente y aguda fija en el lienzo. A su alrededor, un absoluto desorden, que no parecía preocuparla, ni siquiera sentirlo. Dispersos por el suelo, lápices, pinceles, botellas, dibujos y un libro abierto; unos calcos junto a los trozos cortados de un vestido que piensa reformar y que, a veces, queda durante semanas enteras en espera de que María cambie el pincel por la aguja. Sobre una mesa desvencijada, la nota fríamente desagradable de unas viejas flores artificiales; ropas tiradas sobre un diván. Los muros blancos, desnudos, y los cuadros, vueltos contra la pared, uno sobre otro. Tras de un cristal enmarcado, una colección de mariposas recuerda a la artista el suntuoso colorido de la naturaleza y más allá una fotografía de un "Descendimiento" de raro dramatismo le habla de formas dolorosas.

En medio de tanto desorden, de tanto desprendimiento de lo convencional, resalta triunfalmente la soberana liberación del espíritu; su risa infantil, su ingenua avidez por saber todas las cosas, da color al ambiente de abandono. Su risa, su franca y pura risa de colegiala, suena a veces como una corriente de agua clara que arrastra y limpia sus pesadumbres de otros momentos. Tiene algo de pueril su alegría, que no necesita grandes motivos para brotar. El grotesco muñeco de un niño le produce tal entusiasmo que hay que regalárselo. Su conversación está mezclada de ingenuidades y de frases agudas y zumbonas, llenas de ironía. Todo lo absurdo cabe en ella, desde poner azúcar en la sopa hasta ir en taxi a un mercado lejano para ahorrar dos francos en la compra.

Para vestir le gustan los colores más brillantes, los volantes, los lazos le cuelgan por todas partes. Durante años enteros lleva un horrible vestido a grandes cuadros verdes y amarillos que no hay manera de hacerle abandonar hasta que se le cae a pedazos. Cuando se le insinuaba que era el negro lo que mejor le iba, contestaba sonriente y suplicante: "J'aime tant la toilette!" Y cuando una vez le ponderaban el privilegio de su arte, superior a la belleza física de otras mujeres contesta: "Non, non. C'est mieux la beauté que le talent".

Catálogo *María Blanchard 1881-1932*,
Galería Biosca, Madrid, 1976

LO QUE SÉ Y RECUERDO DE MARÍA BLANCHARD

Josefina de la Serna

El recuerdo de María Blanchard está vinculado a toda mi infancia. Era prima de mi padre y su apellido primero es Gutiérrez Cueto, por el cual estamos emparentados.

La familia Gutiérrez Cueto tenía en la montaña de Santander, casi tantos mayorazgos como valles se encuentran entre los ríos, los montes y la mar: Comillas, Cabezón de la Sal, Cos, Santillana, Alceda Iguña: en este último valle, en Molledo la "Casa de los Tiros" –donde pernoctó Carlos V y nos dejó como recuerdo seis cañones de su séquito–, aún pertenece a quien lleva el apellido Cueto, muy forrado de blasones y pergaminos.

En los tiempos en que María iba a nacer –1880– su familia –mi familia– no le daba ni pizca de importancia a estas bellas historias de la tradición y cuentan que por aquel entonces, decir en Santander Gutiérrez-Cueto, era hablar de quien tenía, acaparado, todo el talento y sabiduría del norte de España. Esto era, ya comprendéis, una pretensión absurda. Pero la familia Cueto llegó a creérselo así y apenas entre sus amistades santanderinas encontraban con quien comunicarse, ni periódico que pudieran leer, ni tertulia de su gusto.

. . .Total: que el ambiente no les servía para vivir. Y empezaron a hacer cosas raras. Por entonces la generación Gutiérrez Cueto estaba compuesta de ocho hermanos. […]

No voy a contar la historia de los ocho hermanos Gutiérrez Cueto. Porque cada uno vale para una estupenda novela. Sólo quiero hacer como un "telón de fondo" para la vida de María Blanchard. Diré pues, rápidamente, que después de don Sixto, el mayor, marino y aventurero, y don Fernando, marino y héroe, y Domingo y Antonio, abogados y poetas, y Javier, estaba Julia que casó con un Quirós –de la auténtica "Casa de Quirós"– y se fue a vivir a uno de los más señoriales y ricos palacios montañeses; y estaba Anita, una muchacha muy bella y muy dulce que tocaba el piano con maestrea y cantaba con una lírica voz que valía un tesoro. Y viene después don Enrique: el padre de María. Tío Enrique se quedó en Santander: era un hombre más pacífico que sus hermanos, era apacible y soñador. Como no se sentía con arrestos físicos para fundar un pueblo como tío Sixto hizo en Perú o hundirse con su barco como tío Fernando, fundó pues un periódico en su ciudad de Santander; pero no así un periódico cualquiera. Tío Enrique puesto a buscar colaboradores para él, empezó por Menéndez y Pelayo, que no vaciló en posar el esplendor de su genio en aquellas columnas; en ellas hizo también sus primeras armas Concha Espina, con unos versos infantiles, sin saber entonces que estaba ya trabajando en la heredad de su futura familia.

El Atlántico, que así se llamaba el periódico de la ciudad cántabra, fue una publicación selectísima y en ella los ingenios montañeses fueron dejando la sombra y luz de su inspiración.

Don Enrique se casó con una dama polaco-francesa, doña Concha Blanchard. No era una mujer hermosa y soñadora como las de la familia Cueto. Doña Concha Blanchard, únicamente salía "fuera de sí" cuando tocaba el piano, lo que hacía con gran primor. Por lo demás era ecuánime y sensata. Alta y delgada, rubia y muy blanca, con un inconfundible aire eslavo, puso un poco de frialdad en el apasionado y romántico hogar de don Enrique.

Y entre aquel frío y aquel calor, entre la madre severa y el padre amigo del ensueño y la arrogancia, nació María.

María ya desde su nacimiento fue una criatura deforme. Tío Enrique se inclinaba desolado y amante sobre su pobre niña, y fue su predilecta entre todos los hijos. El intuyó que no sería su hija una criatura vulgar, y sintió un gran consuelo cuando la vio hacer sus primeros dibujos. Él puso en sus manos reproducciones de las grandes Galerías del Arte Universal, y sonreía dolorosamente cuando María contrahecha y viva, le llevaba una de sus obras infantiles: sonreía y pasaba su delgada mano sobre el rubio cabello de la pequeña; y la elogiaba; y la estimulaba; y la pesadumbre de aquella vida inútil para la dicha y el amor, se le volvía liviana a don Enrique porque supo, antes que nadie, que María iba a levantar con su débil mano una luz pura de arte, visible en el mundo entero. Lo intuyó así el padre de María.

Ahora yo estoy recordando a María en los primeros tiempos en que la conocí. Era yo sin duda muy pequeña, porque ella, tan chiquita, tenía que inclinarse aún hacia mí para darme un beso. Frecuentábamos mi hermano menor y yo la casa madrileña de tía Concha Blanchard –ya viuda–. Mi madre quiso que el elegante acento con que tía Concha hablaba el francés, lo aprovecháramos nosotros. Pero más que las lecciones de doña Concha, nos gustaba colarnos en el estudio de María. Nos daba un poco miedo, de ese miedo que a los niños les causa a un tiempo placer; porque con ella compartían la casa-estudio unas gentes raras y atractivas. Había un ruso blanco, que era uno de los hombres más elegantes de Madrid. Y estaba Rivera. Pues este hombre compartía el estudio de María Blanchard: ella tan apacible se revolvía como una fiera contra el mejicano cuando éste hablaba mal de España . Toda la sangre hidalga se le aceleraba en las venas y le resplandecían los como oscuras esmeraldas, defendiendo a su tierra contra aquel hombre, que parecía un gigante al lado suyo. Y siempre vencía la excelsa exaltación de María. Mi hermano y yo escuchábamos la trifulca escondidos detrás de una cortina; y nos daba un gusto enorme y nos deslumbraba ver como aquella mujer pequeña, poco más alta que nosotros, ordenaba entre sus labios finos y contundentes palabras que dejaban deshecho al bruto de Rivera. Despues María se quedaba cansada, rendida: anhelaba su respiración y tenía que reposar en una butaca.

La madre se le acercaba con su aire fino y frío:

–Pero María, hija, ¿a ti qué te importa? ¿Qué más te da?

–¿Qué más me da...? ¡Ay, mamá tú no entiendes...!

Y mientras sonaba el toque brusco de la puerta, señalando la huida de Rivera, doña Concha se marchaba con sus libros y sus flores. Y María se quedaba sola: entonces entrábamos en escena nosotros. Nosotros, en la escena, éramos "los niños": y María distendía su boca grande y dulce en una gran sonrisa cuando nos acercábamos. ¡Y cuánto nos gustaba estar con ella!

Más tarde, pasados muchos años, María Gutiérrez Cueto –María Blanchard– se hará célebre en el mundo pintando retratos de niños. Los pintará con inmortal dulzura, con patetismo genial. Y ese bisel cristalino que tienen sus pinturas, ese aire fuerte y a un tiempo angélico, dramático en muchas ocasiones –sobre todo en algunas "Maternidades"– es simplemente toda el alma de María traspasada a la tela.

Porque quiero decir también que en la deformidad de María hubo una gran belleza latente y como aplastada por un pie brutal. Por ejemplo sus manos eran lindísimas. Y cuando yo la conocí y era aún joven, tenía una tez pálida y mate delicadísima; y, sin gafas, sus ojos eran espléndidos; y la cabellera era amorosa y larga, parda con luces de rubio, suave y brillante... Y así es María Blanchard en mi íntimo recuerdo.

en revista *Destino*, sin fecha

BLANCHARD Y RIVERA

Ramón Gómez de la Serna

Entre los que llegaron a refugiarse a Madrid escapando de París estaba el escultor ruso Lipchitz y el pintor mejicano Diego Rivera. En Pombo se prepara una exposición de sus obras a la que concurrirá una muchacha brujesca y genial, María Gutiérrez Blanchard.

Va a ser la primera exposición cubista que va a haber en España, y en un salón de Arte de la calle del Carmen se montan los cuadros y esculturas.

Me exigen que yo hable el día de la inauguración, pero yo exijo por mi parte que para que el público no discuta mis palabras contrastándolas con el potente misterio de los cuadros, estén cubiertos durante la conferencia.

Así se hace y la concurrencia me escucha sin escándalo, encabezado el público de artistas y curiosos por don Ramón del Valle Inclán, que bajaba los ojos mientras escuchaba.

Se quitan los paños que cubren los cuadros y las polémicas airadas comienzan, rogándole yo a Diego Rivera que no vuelva por el salón, porque Diego quería usar contra los filisteos su gran bastón hecho con un tronco de árbol.

En el interregno de esa muestra de Arte nuevo, Diego pinta mi retrato cubista y se expone en el escaparate de la misma Sala de Exposiciones, pero al segundo día se recibe una comunicación de la policía mandando que se retire el cuadro por cómo está provocando un escándalo público constante.

La nueva simiente ha sido lanzada y nosotros reímos y discutimos llenos de fe en la renovación del decorado íntimo de la vida.

en *Automoribundia, I*

EXPOSICIÓN DE LOS PINTORES ÍNTEGROS

José Francés

Hace algunos años, cuando todavía eso del cubismo, del futurismo y otras cosas por el estilo eran una novedad en el mundo civilizado, me decía Eduardo Chicharro:

–Verá usted cómo eso no llega nunca a España. Los españoles tenemos siempre un obstáculo insuperable. El miedo al ridículo.

El ilustre pintor se engañaba...

En plena calle del Carmen, en un lindísimo Salón para exposiciones titulado "Arte Moderno" y que me parece uno de los mejores de Madrid, se ha inaugurado una Exposición de pintores que se llaman "íntegros"...

...La exposición está obteniendo un gran éxito de entrada... Una vez dentro, es curioso espectáculo ver las caras estupefactas, angustiadas (¿asustadas?) o, francamente hinchadas de risa.

Cuando salen se restriegan los ojos, respiran fuerte y miran a los transeúntes pacíficos como si hubieran despertado de una pesadilla, o, acabaran de asistir a uno de esos estrenos en que el retruécano es como granizo implacable...

...Si yo creyera que la señorita Gutiérrez Cueto y el señor Ribera, los dos pintores más caracterizadamente "íntegros" (antes cubistas), de esta Exposición se habían refugiado en este modo de manchar lienzos, más o menos geométricamente porque no sabían hacer otra cosa, o porque eso les iba a producir el dinero que aquí no les produce la pintura a nuestros grandes artistas contemporáneos, hubiese guardado el más absoluto de los silencios. El señor que se gana la vida, o el señor que busca la extravagancia porque no puede triunfar normalmente, podrá no merecernos la mas mínima admiración; pero tiene derecho a que no nos ocupemos de ellos ni para censurarles.

La señorita Gutiérrez Cueto y el señor Ribera no están en ese caso. Ambos son dos pintores notabilísimos y lejos de fracasar cuando pintaban cuadros de armónica belleza y de sereno realismo se destacaban de un modo envidiable.

Podría quedar la otra razón: la de que sus otros cuadros no se vendían y éstos se venden. Menos aún. Si tal piensan la señorita Gutiérrez Cueto y el señor Ribera Barrientos, pronto se desengañarán.

En el repugnante desnudo del cuadro *Madrid* se ven trozos tan certeramente pintados, que demuestran como la señorita Gutiérrez Cueto domina la técnica y sabe ver el natural. Sus maestros han sido grandes artistas contemporáneos Anglada, Sotomayor, Benedito. Sus cuadros anteriores *Los primeros pasos* y *Ninfas encadenando a Sileno*, premiados con tercera y segunda medalla en las exposiciones de 1908 y 1910 prometían un futuro glorioso y admirable.

Bien sé que no habrán de hacerme caso. Cuando se cambia de tan brusca manera la orientación artística, importan bien poco los consejos opuestos a esa orientación. No obstante, en nombre de los cuadros admirables de antes, yo me permitiría rogar a la señorita Gutiérrez Cueto y al señor Ribera que olvidaran en lo sucesivo estos cuadros de ahora.

en *El año artístico*, marzo, 1915

EL HADA DE LAS MIGAJAS

José Bergamín

La imagen que recuerdo de María Blanchard va siempre acompañada a mis ojos de la de Diego Rivera. Inseparablemente juntas. Su pequeña figura de jorobada al lado de la enorme y erguida del Buda barbudo. Y los recuerdo juntos en Pombo; o en la calle; o en aquella casa de la calle de Alcalá, esquina a la avenida de la Plaza de Toros, donde creo recordar que vivían. La casa esquinada en cuyo frontal curvo había unas bolas brillantes y coloreadas que alguna vez pasaron al lienzo del mexicano, como la cabeza degollada de Ramón Gómez de la Serna con su pipa y onda negra sobre la frente. Entre "un fracaso de cristales" como el que ofrecía también el cubismo a los lienzos "mágicos y dolientes" de la gran pintora.

Los veo a los dos todavía, en Pombo, en la tertulia de Ramón, cuando el gigante mexicano nos hablaba de sus personales y muy particulares desdichas propias (sufría de ataques epilépticos, dormía sobre una tabla...) mientras ella, acurrucada en su rincón, parecía el *hada de las miga-*

jas del cuento de Nodier. Podíamos estar seguros de que lo era. Y que todas las noches se trasfiguraba ante el Buda estupefacto. Tal vez le hacía perder el sentido de sus dolencias para unirlo a su maravillosa trasfiguración; de la que los dos, sacaban la trasparente luz y el hechizo de sus lienzos. Más sutiles los de ella, y más profundos. Más, entonces, ponderadísimos de matices, y ya miniaturescos los de él.

Federico García Lorca, supongo que debió sentirla también como yo, como *hada de las migajas*, cuando nos habla de "esmeraldas sobre la nieve" y de "coches o carrozas de oro" que surgían para ella del cucurucho de papel de un cuentista ruso.

Sigo viendo su imagen "mágica y doliente", y siempre al lado de la de Rivera, al claro de luna interior de la cripta de Pombo, cuando Ramón hacía que se encendiesen las lámparas de gas para iluminarlo todo de luz perla, y el hada de las migajas dolorosamente sonreía.

Texto escrito para el
Catálogo *María Blanchard 1881-1932*,
Galería Biosca, Madrid, 1976

RECUERDO DE MARÍA BLANCHARD

Gerardo Diego

Me acuerdo de María Blanchard de un modo a la vez profundo e impreciso. Yo no sabría dibujar su cara ni apenas su perfil corpóreo. Tampoco reproducir conversaciones con ella y sus amigos. En cambio la atmósfera, el aura que de ella emanaba, el espíritu y formas de su obra artística, la armonía inventada de sus colores, el acento y timbre de voz de su parla lo sigo reviviendo hoy como entonces. Un entonces que data de 1922, mes de septiembre, que fue cuando la conocí en París. Algo, aunque muy poco, sabía yo de ella antes de aquel mi primer viaje. Porque lo que de ella se sabía en su tierra, que era la mía, más bien se contradecía entre las nieblas de la leyenda y las referencias concretas de artistas, amigos y parientes.

Me la presentó Juan Gris que la veía a diario y la quería y admiraba mucho En su casa comimos varias veces, ya solos con Josette Gris, ya en compañía de Vicente Hiudobro o algún otro artista o poeta. Hablaba de España, mejor dicho de los españoles y montañeses, con amargura y al mismo tiempo con avidez de noticias, preguntando siempre. Su sintaxis era correcta en ambos idiomas, creo que más en francés, pero su fonética la mantenía irreductiblemente castellana. Su "maintenant" era sencillamente –suprimo comillas– con las tres vocales bien abiertas y sin velos, *mentenant*. A mí me admiraba su clarividencia y su profundo sentido del arte y de la vida. Se veía en seguida que había llegado por la vía del dolor y la intuición del talento, un talento privilegiado, a una maestría absoluta. Lo que en sus cuadros podía recordar a sus clásicos y a sus maestros y amigos estaba asimilado y en acabada materia y forma exclusivamente suyas. Pero esto que hoy puede juzgar cualquiera era mucho más impresionante entonces. Por eso entre los artistas que yo conocí en aquel viaje y en otros dos años después, todos la respetaban y la tenían por uno de los suyos. Así Fernando Léger, Jacques Lipchitz, como también los críticos y los poetas. A Picasso no llegué a conocerle. Yo, como profano, apenas intervenía en las conversaciones fundamentales en una cultura artística de signo francés que me era nueva y cuyo descubrimiento lo hacía todos los días en museos, estudios, galerías y aire libre. Lo racial ibérico, sin embargo, de Gris y de María Gutiérrez Cueto, rompía con frecuencia la corteza y estallaba en entusiasmos y violencias que sólo requerían el estímulo de hallarse ante algún español, aunque fuera tan ingenuo como yo.

Con María estamos siempre, siempre, en deuda. Ya era hora de que empezáramos a enjugarla.

Texto escrito para el
Catálogo *María Blanchard 1881-1932*,
Galería Biosca, Madrid, 1976

ELEGÍA A MARÍA BLANCHARD

Federico García Lorca

"Señoras y Señores:

Yo no vengo aquí, ni como crítico ni como conocedor de la obra de María Blanchard, sino como amigo de una sombra. Amigo de una dulce sombra que no he visto nunca pero que me ha hablado a través de unas bocas y de unos paisajes por donde nunca fue nube, paso furtivo o animalito asustado en un rincón. Nadie de los que me conocen pueden sospechar esta amistad mía con María Gutiérrez Cueto, porque jamás hablé de ella, y aunque iba conociendo su vida a través de relatos originales siempre volvía los ojos al otro lado, como distraído, y cantaba un poco porque no está bien que la gente sepa que un poeta es un hombre que está siempre ¡por todas las cosas! a punto de llorar.

¿Usted conocía a María Blanchard? Cuénteme…

Uno de los primeros cuadros que yo vi en la puerta de mi adolescencia, cuando sostenía ese dramático diálogo del bozo naciente con el espejo familiar, fue un cuadro de María. Cuatro bañistas y un fauno. La energía del color puesto con la espátula, la trabazón de las materias y el desenfado de la composición me hicieron pensar en una María alta, vestida de rojo, opulenta y tiernamente cursi como una amazona.

Los muchachos llevan un carnet blanco, que no abren más que a la luz de la luna, donde apuntan los nombres de las mujeres que no conocen para llevarlas a una alcoba de musgos y caracoles iluminados, siempre en lo alto de las torres. Esto lo cuenta Wedekind muy bien y toda la gran poesía lunar de Juan Ramón está llena de estas mujeres que se asoman como locas a los balcones y dan a los muchachos que se acercan a ellas una bebida amarguísima de tuétano de cicuta.

Cuando yo saqué mi cuartilla para apuntar el nombre de María y el nombre de su caballo me dijeron: "es jorobada". Quien ha vivido como yo y en aquella época en una ciudad tan bárbara bajo el punto de vista social como Granada, cree que las mujeres o son imposibles o son tontas. Un miedo frenético a lo sexual y un terror al "que dirán" convertían a las muchachas en autómatas paseantes, bajo las miradas de esas mamás fondonas que llevaban zapatos de hombre y unos pelitos en el lado de la barba.

Yo había pensado con la tierna imaginación adolescente que quizá María, como era artista, no se reiría de mí por tocar al piano "latazos clásicos", o por intentar poemas, no se reiría, nada más, con esa risa repugnante que muchachas y muchachos y mamás y papás sucios tenían para la pureza y el asombro poético, hasta hace unos años, en la triste España del 98.

Pero María se cayó por la escalera y quedó con la espalda combada expuesta al chiste, expuesta al muñeco de papel colgado de un hilo, expuesta a los billetes de lotería.

¿Quién la empujó? Desde luego la empujaron; "alguien", Dios, el demonio, alguien ansioso de contemplar a través de pobres vidrios de carne la perfección de un alma hermosa.

María Blanchard viene de una familia fantástica. El padre un caballero montañés, la madre una señora refinada; de tanta fantasía que casi era prestidigitadora. Cuando anciana iban unos niños amigos míos a hacerle compañía y ella, tendida en su lecho, sacaba uvas, peras y gorriones de debajo de la almohada. No encontraba nunca las llaves y todos los días tenía que buscarlas y las hallaba en los sitios más raros, por debajo de las camas o dentro de la boca del perro. El padre montaba a caballo y casi siempre volvía sin él, porque el caballo se había dormido y le daba lástima el despertarlo. Organizaba grandes cacerías sin escopetas y se le borraba con frecuencia el nombre de su mujer. En esta distracción y este dejar correr el agua, María Gutiérrez se iba volviendo cada vez más pequeña, una mano le tiraba de los pies y le iba hundiendo la cabe-

49

za en su cuerpo como un tubo de "Don Nicanor que toca el tambor".

En este tiempo que corresponde a la apoteosis final de Rubén, vi yo el único retrato de María que he visto, y era una criatura triste, no sé de quién, en la que está al lado de Diego Rivera el pintor mexicano, verdadera antítesis de María, artista sensual que ahora, mientras que ella sube al cielo, él pinta de oro y besa el ombligo terrible de Plutarco Elías Calles.

En la época en que María vive en Madrid y cobija en su casa a todo el mundo, a un ruso, a un chino, a quien llame a la puerta, presa ya de este delicado delirio místico que ha coronado con camelias frías de Zurbarán su tránsito en París.

La lucha de María Blanchard fue dura, áspera, pinchosa, como rama de encina, y sin embargo no fue nunca una resentida, sino todo lo contrario, dulce, piadosa, y virgen.

Aguantaba la lluvia de risa que causaba, sin querer, su cuerpo de bufón de ópera, y la risa que causaban sus primeras exposiciones, con la misma serenidad que aquel otro gran pintor, Barradas, muerto y ángel, a quien la gente rompía sus cuadros y él contestaba con un silencio recóndito de trébol o de criatura perseguida.

Aguantaba a sus amigos con capacidad de enfermera, al ruso que hablaba de coches de oro, o contaba esmeraldas sobre la nieve, o al gigantón Diego Rivera que creía que las personas y las cosas eran arañas que venían a comerlo, y arrojaba sus botas contra las bombillas y quebraba todos los días el espejo del lavabo.

Aguantaba a los demás y permanecía sola, sin comunicación humana, tan sola, que tuvo que buscar su patria invisible, donde corrieran sus heridas mezcladas con todo el mundo estilizado del dolor.

Y a medida que avanzaba el tiempo, su alma se iba purificando y sus actos adquiriendo mayor trascendencia y responsabilidad. Su pintura llevaba el mismo camino magistral, desde el cuadro famoso de "La primera comunión" hasta sus últimos niños y maternidades, pero atormentada por una moral superior daba sus cuadros por la mitad del precio que le ofrecían, y luego ella misma componía sus zapatos con una bella humildad.

La vida y pasión de Cristo fue tomando luz en su vida y, como el gran Falla, buscó en ella norma, dogma y consuelo. No con beatería, sino con obras, con grave dolor, con claridad, con inteligencia. Lo más español de María Blanchard es esta busca y captura de Cristo, Dios y varón realísimo; no al modo de la fantástica Catalina de Siena que se llega a casar con el niño Jesús y en vez de anillos se cambian corazones, sino de un modo seco, tierra pura y cal viva, sin el menor asomo de ángeles o milagro.

Su cintura monstruosa no ha recibido más caricia que la de ese brazo muerto y chorreando sangre fresca, recién desclavado de la cruz.

Ese mismo brazo fue el que, lleno de amor, la empujó por la escalera para tenerla de novia y deleite suyo, y esa misma mano la ha socorrido en el terrible parto, en que la gran paloma de su alma apenas si podía salir por su boca sumida. No cuento esto para que meditéis su verdad o su mentira, pero los mitos crean al mundo, y el mar estaría sordo sin Neptuno y las olas deben la mitad de su gracia a la invención humana de la Venus.

Querida María Blanchard: dos puntos… dos puntos, un mundo, la almohada oscurísima donde descansa tu cabeza…

La lucha del ángel y el demonio estaba expresada de manera matemática en tu cuerpo.

Si los niños te vieran de espaldas exclamarían: "¡la bruja, ahí va la bruja!". Si un muchacho ve tu cabeza asomada sola en una de esas diminutas ventanas de Castilla exclamaría: "¡el hada, mirad el hada!". Bruja y hada, fuiste ejemplo respetable del llanto y claridad espiritual. Todos te elogian ahora, elogian tu obra los críticos y tu vida tus amigos. Yo quiero ser galante contigo en el doble sentido de hombre y de poeta, y quisiera decir en esta pequeña elegía, algo muy antiguo, algo, como la palabra serenata, aunque naturalmente sin ironía, ni esa frase que usan los falsos nuevos de "estar de vuelta". No. Con toda sinceridad. Te he llamado jorobada constantemente y no he dicho nada de tus hermosos ojos, que se llenaban de lágrimas, con el mismo ritmo que sube el mercurio por el termómetro, ni he hablado de tus manos magistrales.

Pero hablo de tu cabellera y la elogio, y digo aquí que tenías una mata de pelo tan generosa y tan bella que quería cubrir tu cuerpo, como la palmera cubrió al niño que tú amabas en la huida a Egipto. Porque eras jorobada, ¿y qué? Los hombres entienden poco las cosas y yo te digo, María Blanchard, como amigo de tu sombra, que tú tenías la mata de pelo más hermosa que ha habido en España."

Cuartillas leídas por Federico García Lorca en la velada organizada por Clara Campoamor en el Ateneo de Madrid, en marzo de 1932, en homenaje a María Blanchard

MARÍA BLANCHARD

André Lhote

Ha muerto María Blanchard el 5 de abril de 1932. Su desaparición no dejará en el mundo parisién un gran vacío. Normalmente los grandes artistas de gran clase se van sin ruido. Para echarlos de menos habría que haber tenido en cuenta su presencia. Pero, ¿quién, además de diez pintores, unos pocos *amateurs* amigos y un joven marchante, se fijaron alguna vez en la pintura de esta criatura extraordinaria? Su obra, como las obras importantes, tenía todo lo necesario para que no gustara de primeras. Ante todo lo más raro: nada, en todo lo que se había hecho en estos últimos tiempos dejaba presagiar esta prudente novedad. Sus composiciones, aunque siempre impregnadas de la disciplina cubista, reservaban a la figura humana *desterrada del cubismo puro, un lugar primordial.* ¡Y qué figuras! endurecidas a fuerza de intensidad, particularizadas al máximo, sólo son comparables con las figuras góticas. Porque María Blanchard –hecho sin precedente en la historia– era ante todo un pintor-plástico.

(Las mujeres que se expresan espontáneamente por medio del color, rechazan de manera irreductible el lenguaje de las formas, que, en sus pinceles, resultan torpes, embrionarias o decorativas.)

Esta pintura que está rayando con el genio, merece un largo estudio. Hoy no haré más que indicar sus rarezas: el color austero y metálico, las luces excesivas y brillantes de reflejos, que salpican todos los objetos sin preocuparse de su propia materia; la sequedad del dibujo que alterna con zonas de deliciosa fluidez...

Se ha hablado de la mística de María Blanchard para explicar la atmósfera extraña en la que se mueven sus personajes, parientes de Tessa de Urbeville o de Judas el Oscuro. Y ¿por qué no? Existe siempre entre los grandes artistas y los espíritus apasionados, un amor furioso, intolerante y efervescente hacia la técnica pictórica. Las alucinaciones puramente plásticas, e incluso *mecánicas* del Greco se deben atribuir más bien a este único amor, que a cualquier extraño éxtasis.

A esta única pasión se deben también estas singulares apariciones de las que están poblados los cuadros de María Blanchard; y el mejor elogio que se puede hacer, es decir que si es una *iluminada*, lo es a fuerza de prudente fervor artesano.

Con un resultado semejante, se sitúa moralmente, en las antípodas de Van Gogh. Existe en su obra un paralelismo con el *Hombre de la oreja cortada*.

Ese *Santo Borracho*, por ejemplo –cuya evolución he podido seguir durante meses– ese personaje triste y soñador, que tiene algo de peregrino, de poeta y de obrero, sentado en el fondo de una taberna, que agarra un vaso lleno con una mano monumental, y en la cabeza tiene una aureola que es el óvalo de un barril de alcohol. En él vemos clarísimamente el mecanismo de este espíritu complicado.

Una cierta tendencia naïf española a perpetuar lo extraño de una aventura excepcional, a dramatizar un suceso; una malicia natural que le hace percatarse de lo ridículo que puede haber en un tema como ese, y sin embargo ir más allá, por amor al riesgo; una confianza total en virtud de la técnica que manifiesta cualquier posible jocosidad...

No me extrañaría nada que en un tiempo más o menos lejano, los historiadores del cubismo, olvidándose o rebajando a algunos "puros", para quienes una pipa o una botella encierran más emoción que un rostro humano, consideren a María Blanchard como un héroe de este movimiento prodigioso. Mientras tanto, me limito a indicar su obra a todos los críticos de arte que han descubierto recientemente el valor plástico y espiritual de la figura humana.

en *Nouvelle Revue Française*, mayo 1932

María Blanchard

Isabelle Rivière

En la tela, delante de ella –único pequeño rectángulo de paz dentro de esta vida barrida por todos los vientos, único lugar que parecía circunscrito en esta casa abierta de par en par en donde se podía subir hasta el tejado sin encontrar puerta o guardián alguno que sirviera de barrera, refugio de un instinto que había sido rechazado de todos sitios, escapado hacia este reino prohibido en el que de repente María se convertía en Reina y Madre– en la tela, misteriosamente, una criatura estaba naciendo.

Nunca tuvo un modelo. María miraba en su corazón. Allí dentro guardaba un rostro iluminado por un alma que había de casualidad cruzado en la calle, encontrado en el autobús, o apercibido en la sombra de una trastienda, o a la salida de una escuela, y lo había recogido y guardado como un tesoro.

Después, durante meses o años –solía decir ella: "Esta mujer que vi hace doce años..."– consideraba cuidadosamente esta presencia secreta dentro de ella, la aprendía, la alimentaba, la maduraba. Luego, un día, con ternura y casi temblando, como se preparan los pañales o la cuna de la criatura deseada, comenzaba a disponer sobre la tela los trazos de un rostro, por fin enteramente conocidos, que para el alma servían a la vez de trampa, llamada y espejo. Más todavía que con sus pasteles o sus pinceles, María pintaba con sus largas manos, tan finas e inteligentes, modelando, acariciando, dando a luz en la tela esta forma tan querida. Y el color y la luz parecían salir de sus dedos...

en *María Blanchard*, Ediciones Correa, París, 1934

María Blanchard

Waldemar George

El arte de María Blanchard es fundamentalmente realista. No quiere decir esto que el pintor registre sus percepciones visuales, que se sirva de apuntes tomados del natural, o que anote los efectos de luz. Esta española desconoce el valor de los métodos preconizados por Courbet, por Manet, por los Impresionistas. Su obra es la expresión de su vida interior. Por más intensos que sean los temas, no llega nunca a exteriorizarse. Este gusto por el drama, esta facilidad para aprehender el objeto, de doblegar los fenómenos ópticos a las exigencias de un estilo, es un signo distintivo de la pintura española...

María Blanchard, que forma parte de la Escuela de París, conserva sus cualidades étnicas. Su línea, su color, su estilo, son los de una española. El dibujo es, por encima de todo, un dibujo de expresión. Su objeto no es sólo especificar los límites de la forma, o situar un volumen en el espacio. Además de esto sirve también para precisar un tipo, para hacer valer, si es necesario, taras o sus mutilaciones. Porque el lápiz decidido de María Blanchard es un testigo perspicaz, un juez despiadado. Sus bocetos son verdaderos interrogatorios.

María Blanchard es de esos artistas cuya obra sirve para destruir el mito de una Escuela Moderna, unida y homogénea, que lleva a cabo reformas concretas y se dobla a una disciplina colectiva. María Blanchard comprende la vanidad de un arte conscientemente tradicional. Pero, a pesar de que repudia el neoclasicismo y adapta su medio de expresión a su estilo, quiere también beneficiarse de toda la aportación del pasado.

Con esto quiero decir que conoce perfectamente el oficio de pintor y de dibujante, y que si bien se guarda de hacer grandes demostraciones de sus conocimientos, sabe utilizarlos en el momento oportuno.

La anatomía y la ciencia de la perspectiva no tienen secretos para esta artista preocupada siempre por la manera de hacer. El estilo de María Blanchard, a pesar de sus geometrizaciones de orden constructivo, es un estilo que tiene siempre en cuenta los signos distintivos del modelo, de su carácter individual, de sus particularidades. Por supuesto que en sus obras María Blanchard persigue fines exclusivamente plásticos; que sus telas presentan ante todo, la relación armónica de formas y colores; pero sus personajes parecen sacados directamente de la realidad.

en *María Blanchard*, "Ceux de demain". Bruselas, 1927.

Heroismo y sacrificio en María Blanchard

Enrique Lafuente Ferrari

A propósito del retrato de Juan Gris, por Vázquez Díaz, evocaba el que esto escribe no hace mucho tiempo la tentadora aventura de aquellos artistas nuestros de principio de siglo, que escapaban a París a crear su obra, huyendo del confinado y provinciano ambiente español de su época, con la vaga y temblorosa adivinación de una belleza nueva. La metrópoli del Arte absorbía, en el torbellino de su palpitación aquellas aportaciones; heroicos e ilusionados, los pintorcillos recién llegados eran zarandeados por la hirviente ola de tendencias y ambiciones, de triunfos y fracasos. Era una dura prueba que sólo resistían los fuertes. En ella, los más, se levantaban y caían al azar de los golpes de fortuna, de los éxitos del grupo, *marchand* llovido del cielo. Exilio aparte, sentían allí los artistas de este arte vivo la embriaguez de la libertad, la de buscar, sin coacciones, los cauces para una personalidad anhelosa de cuajar en obra auténtica. Y, en todo caso, triunfantes o hundidos, aquellos pintores sintieron casi siempre, el dulce placer deportivo de luchar en equipo: junto a ellos, compartiendo sus angustias y sus ilusiones, otros camaradas sostenían su esfuerzo y, entre privaciones y entusiasmos, soñaban para alumbrar, para sí mismos y para el mundo, una expresión inédita, un lenguaje plástico que encarnase el lirismo de su época.

Hay una positiva grandeza en este esfuerzo hacia un arte nuevo de la llamada *École de Paris*; una grandeza épica y humana, a pesar de toda la escoria y la impureza que a ella pudo mezclarse.

...María nace marcada por Dios, para su fin: su deformidad física, su cuerpo débil, su desamparo, sus ilusiones... Después, como en Juan Gris, como en otros, la inadaptación a un medio pobre y estrecho, la emigración, la penuria... Pero en el trepidante esfuerzo, como alivio en la lucha, el consuelo y la compañía de los camaradas...

Pero la aventura de María rebasa lo normal, aun en aquel medio propicio a todas las sorpresas. Esta española, con unas gotas de sangre francesa y eslava –¡buen fermento!–, ha subido por la senda dolorosa de su existencia, con la ilusión de expresar su rica personalidad cohibida, en un arte original y expresivo, lleno de ternura y energía; la ascensión ha sido lenta y dura, pero le espera arriba como recompensa insospechada, una corona merecida, que pone un dulce esplendor sobre su vida toda: un trance de piedad mística, de fe profunda que santifica a nuestros ojos el esfuerzo y la miseria. María Blanchard, es decir María Gutiérrez, esta española resentida con la vida, que fue con ella injusta, resentida acaso con su patria, que suele ser inclemente con sus mejores hijos, viene a cifrar en sí misma un símbolo bien español: redención por el sacrificio y la fe, ascética y mística de una vida de artista que renunció a todo, y hoy puede aparecer a nuestros ojos como la Santa española de *L'école de Paris*, como Santa María Gutiérrez, intercesora y patrona del "art vivant".

en *Arte de Hoy*, Santander, 1955.

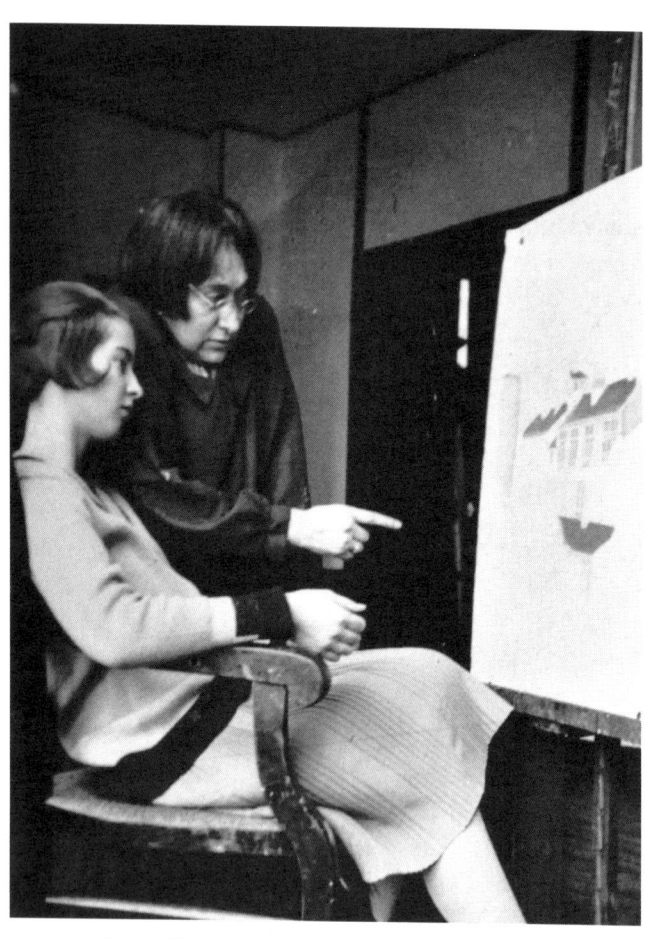

María Blanchard enseñando a Jacqueline Rivière
(años 1920)

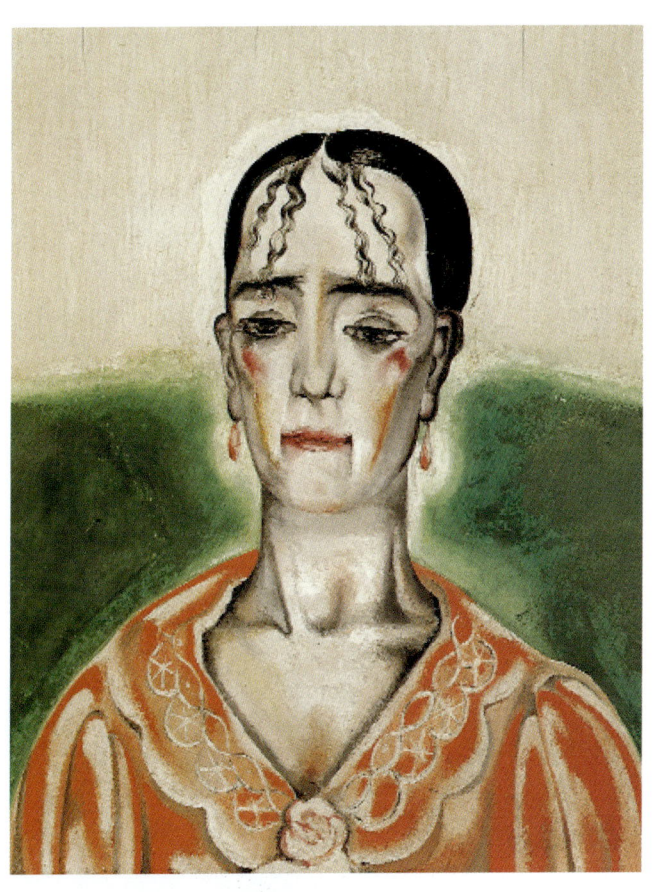

La española, hacia 1910-1915
Musée d'Art Moderne de la Ville de Paris

65

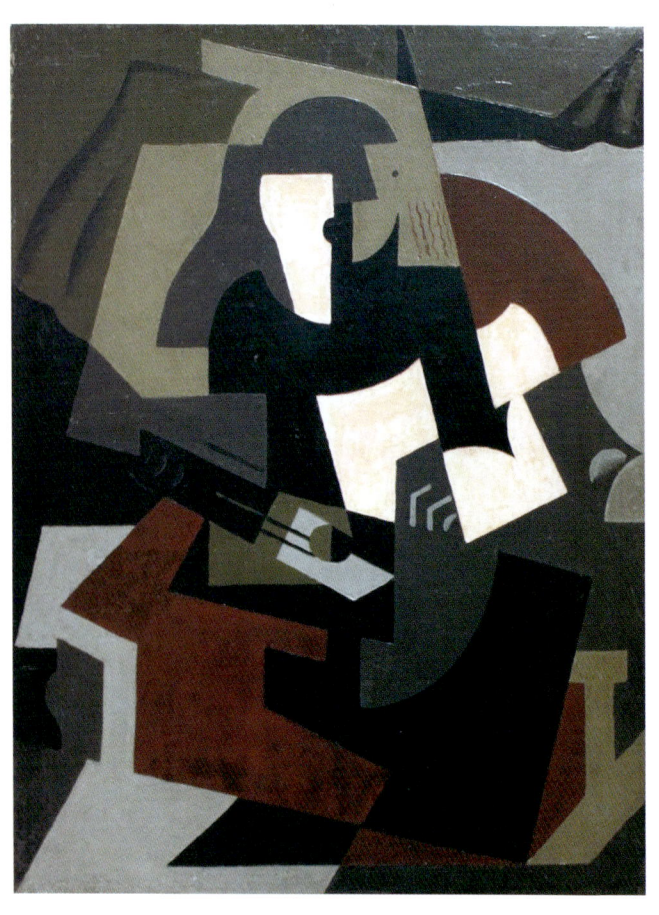

Mujer con guitarra, 1917
Colección privada

66

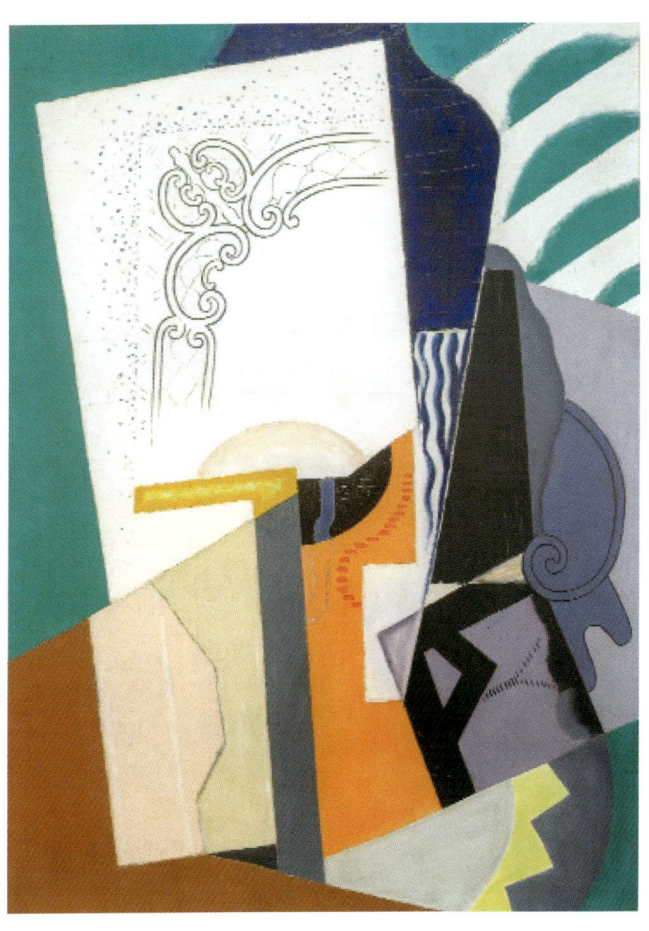

Composición cubista, 1916-1919
Museo Reina Sofía, Madrid

67

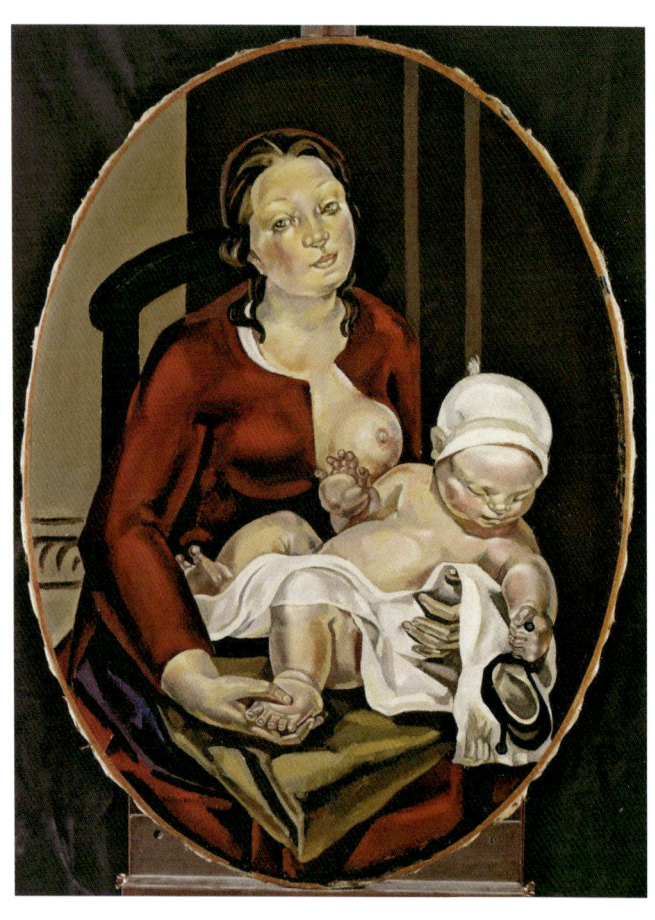

Maternidad, hacia 1922
Musée d'Art Moderne de la Ville de Paris

68

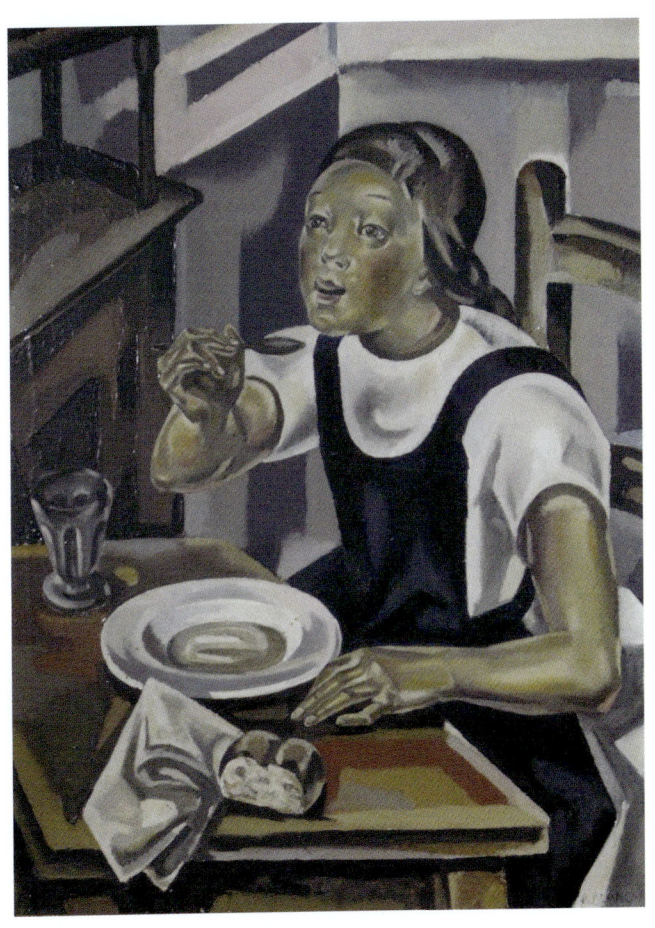

Niña comiendo sopa, 1924
Colección privada

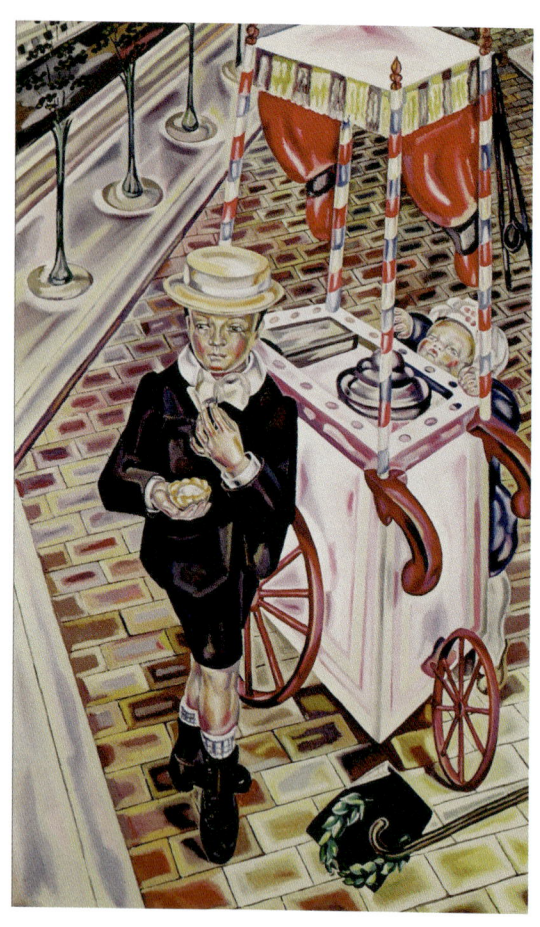

Niño con helado, 1925
Centre Pompidou, París

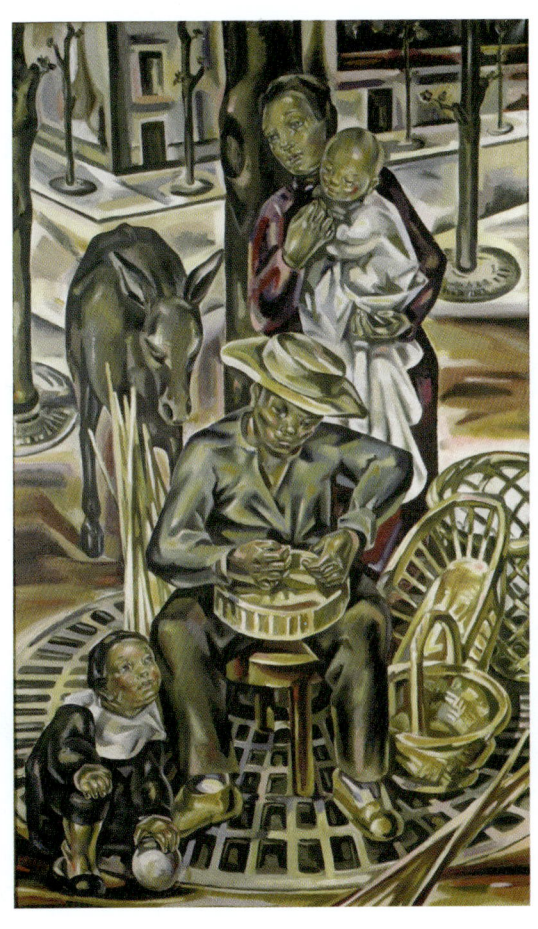

El cestero, 1925
Musée d'Art Moderne de la Ville de Paris

71

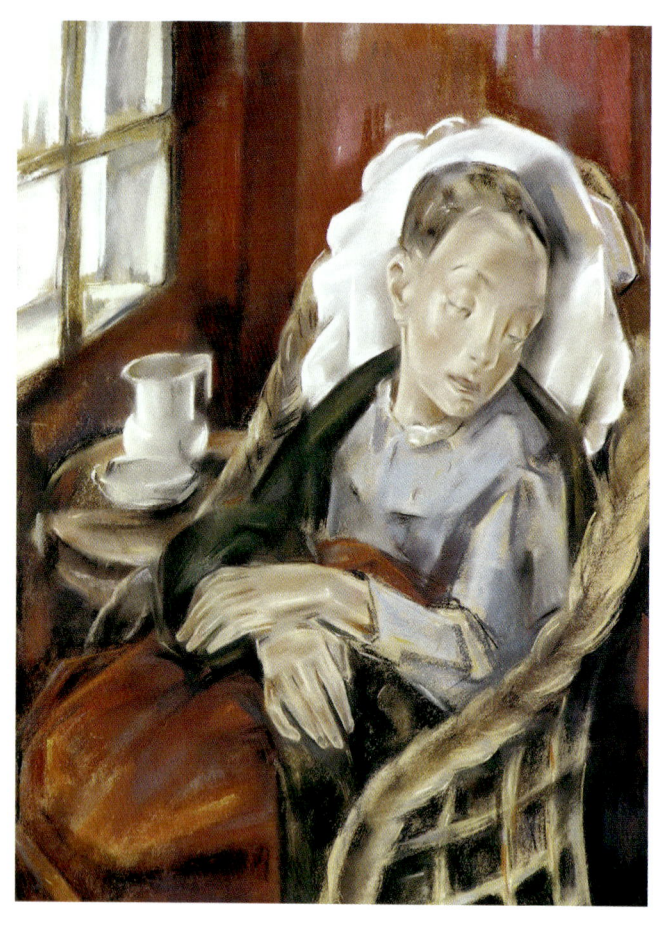

La convaleciente, 1925-1926
Museo Reina Sofía, Madrid

María Gutierrez Blanchard

Ramón Gómez de la Serna

En un bello libro que acaba de aparecer sobre la gran pintora española, su autora, la condesa de Campo de Alange, define con emocionantes plumadas el destino de la artista en los siguientes párrafos, que son los primeros de su biografía:

'Santander, 1881. Una señora sube a un coche tirado por un tronco de briosos caballos; en ese momento, los animales, prontos para arrancar, hacen un brusco movimiento de impaciencia. La señora resbala y cae, sin lograr subir al estribo; está próxima a ser madre; una criatura queda marcada antes de su nacimiento con un sello de tragedia...

"Poco después nace la pequeña María. Su padre pertenece a una vieja familia de la montaña; su madre es hija de un francés y una polaca. Pone una abuela en su sangre la herencia eslava, y treinta años más tarde, cuando los críticos examinan su obra pictórica, verán a través de su arte el "eslavismo" y el "españolismo" de su origen, repitiéndolo con pesadez monótona, queriendo, tal vez, así desentrañar el dramatismo singular de su visión personalísima.

"Desde sus primeros pasos, María se revela deforme. Tiene, por tanto, la infancia melancólica de los niños débiles y enfermos. Unos ojos negros, de mirada profunda e inteligente, una boca grande, una expresión simpática, un rostro interesante y atractivo hundido entre sus hombros. De no ser por su deformidad, su trayectoria en la vida hubiera sido la normal; el amor, un marido, los hijos...; pero el azar torció, con su cuerpo, su destino, y María, naturaleza rebelde, ha de sacar más tarde, penosamente, de la negrura de su renunciación, su arte magnífico, hecho a la misteriosa luz de sus tiernos sentimientos.'

Esa deformación por accidente –en sus genes no había la predestinación de los degenerados– hizo que su alma aplastada por el accidente no se conformase bajo el garabato en que quedó convertido su cuerpo.

María, desde que despierta a la lucidez y se da cuenta del contraste entre su vida y la vida, se propone un ideal de perfección en ese espejo indirecto que es el lienzo y en cuyo alinde se da el milagro de que pueda reflejarse el contrahecho en imágenes de lograda belleza.

Pinta con ese afán superador y un día es un "descubrimiento" para nosotros, siguiéndola desde ese punto y hora a través de toda su vida con arrebatada curiosidad.

Tenía algo de macabra y retorcida la expectación. La humana y espiritual araña, con dengues de niña, con una voz dulce y quejosa que no perdió nunca, tramaba su tela como un tapiz y después con pocas palabras, más bien con una mueca y un mohín desdeñoso, la mostraba, diciendo simplemente:

– ¿Him?

Así llegamos a la primera guerra europea, cuando todo lo genial y raro sale de sus casillas y se dispone a tomar parte en la lucha del porvenir, más audaces que nunca los seres singulares que han sido empujados a un mundo en estado de asalto.

En la Exposición de los Íntegros que se celebra en la capital de España, el año 1916, expone su *Venus de Madrid*, el mejor cuadro suyo, logrado en un camino que pronto dejará y al que no podrá volver nunca.

Tenía que haber pintado como Solana, con amargura de barrio, confundiéndose con el proletariado y la burocracia del suburbio, empolvada en polvo de albañilería, con ese algo de máscara de un carnaval de destrozones y destrozonas que debe soportar el artista español en espera, en larga espera.

Su *Venus de Madrid* era un hallazgo, porque había superpuesto una mujer desnuda –con un desnudo teratológico, pero atrayente– a la fachada de la casa más característica del rococó madrileño, porque había acoplado el arquitecto grandes bolas de espejo, moradas, plateadas, azules, doradas, entre el juego de los ladrillos, brillando la original vivienda con alegre melancolía bajo el sol de los días y bajo la luna de las noches.

Tenía toda su obra de esa época una cosa de aquelarre, conseguida de cocimientos de cicutas, malvas y sapos, pero el corazón religioso de María no la consentía trabajar en aquella alquimia, que la hubiese llevado a volar sobre lo sabático, revelándonos hasta lo prohibido el alma dramática, querenciosa y pintoresca de Madrid.

Se veía que tenía facultades para hacer la llamada al misterio, que podía preparar el ungüento, que era nigromántica y adivina; pero rechazó todas esas facultades por temor de que anduviese el diablo por medio.

Inmediatamente cambió de signos y se metió en el terremoto del cubismo, bombardeando sus imágenes, desintegrándolas con una meticulosidad de laboratorio que daba espanto.

Yo, que la vi renunciar a aquella gran pintura que se la reveló de entrada, sé bien de qué gran desprendimiento nace su pintura europea.

La mujercita cheposa y con gafas, al ver que el porvenir artístico era lento, pensó opositar a una cátedra de dibujo en provincias.

Todos la recomendamos y obtuvo la cátedra en abierto concurso. Se puso radiante y se veía que se ensayaba frente a un espejo de luna, para ejercer su cargo de maestra. Se volvió más menuda, se echó más hacia delante y en su rincón del café parecía mirar a los mármoles como si mirase ya los dibujos de sus alumnos.

La veíamos en la ciudad de cuestas pronunciadas, subiéndolas como una arañita negra, pero encerrándose en su casa durante las horas libres para pintar cosas muy superiores a su cargo de enfermera pictórica. ¡Pero qué remedio había si sólo así iba a asegurar su vida!

Pasó una temporada en la provincia, pero pronto supimos que María había renunciado a su cargo y se había ido a París para luchar como fuese, en la mayor miseria.

¿Qué había pasado? En la ciudad pura y llena de luz cumbral se había destacado María como una bruja simbólica para los niños que la seguían y la gritaban por las calles. El evidencismo crudo de lo español, que no deja pasar nada sin mote y que llega en su flaqueza a decirle la verdad al lucero del alba, se ensañó con la pobre artista.

María hubiese podido sonreír, esperar a que el pueblo se familiarizase con ella y alcanzar la hora de la abnegación y la simpatía, pero María no sabía más que llorar y espantarse.

París –quizá porque siempre ha sido el tolerante centro de todo lo grande y de todo lo monstruoso– no la iba a mirar mal y la iba a dejar vivir indiferente a su forma física.

Toulouse-Lautrec fue en hombre el *pendant* de ella en mujer y vivió admirado y querido por todos, con barba y hongo dentro de su enchapado enanismo, pintando siempre, para llegar al lienzo, en un alto taburete de bar, esa silla de niños para los encopados.

María vivía en estudios abandonados, de los que no habían vuelto los que desperdigó la guerra, y comenzó a pintar pieles cubistas, pucheros, maquinillas de moler café, especieros, bofes, anatomía de las cosas mezclada a la anatomía de los seres, como si entreviésemos en sus cuadros las entrañas que habían puesto al descubierto las bayonetas, todo ello sumergido en una especie de ciénaga entre estanque y rastro, que había crecido en el París de aquellos días.

Yo la fui a visitar a una de aquellas casas "de otros" en que las ropas colgadas en la desidia de no saber qué iba a pasar estaban colgadas fuera de los armarios.

A ella, sin embargo, le bastaba aquel espacio en medio de la casa en mudanza de guerra y amontonaba hígado cubista mezclado a otros ripios y sargazos.

Ya para ella España era el sitio en que los chicuelos gritan a la mujer que proyecta en los muros una sombra extraña y quebrada. No quería saber nada de allí, y por eso se había quitado definitivamente el Gutiérrez.

A solas con su Blanchard, podía ser una anticuaria de modernidades, abrir su tienda, esperar detrás del cristal y ser saludada por los niños del barrio que vuelven de esos liceos con nombre de estatua: Condorcet, Molière, Bossuet.

Los inviernos eran muy largos, pero ella necesitaba toda esa largura para cristalizar la larga oruga de la pintura, metamorfoseando los gusanos que salían de la huronía de los tubos.

No perdió hora y parecía esa obrera de máquina de coser solitaria que entrega sus cosas a algún Gran Almacén: blusas cubistas, banderas del futuro, almanaques para enajenadas y porveniristas navidades.

Ella sola organizando, según su realidad primera, la anatomía destrozada por la guerra, logra dar salida a sus cuadros.

Yo he dicho una vez que María Blanchard consiguió una obra en duro aluminio, pero sin que me arrepienta de aquella sintética clasificación podría dejar más en vago el nombre de la aleación conseguida por ella, materia nueva celulósica y galvanoplástica con que acababa sus muñecoides admirables que sólo serán suyos en el Museo del mañana representando un momento de su época. Gran inventora de betunes claros y oscuros, de nuevos materiales plásticos que se concretaban en perfectos y originales productos standardizados, comenzó a vender mejor su producción.

El alma de María era, sin embargo, tan española que necesitaba llenar de misticismo su bóveda románica y después de su éxito sentía que le quedaba íntegro y sin solución el gran espacio de un alma religiosa, entre ermita e iglesia en las afueras de la pintura.

No había nada que calmase su desazón, y como Lope después de sus comedias y sus amores apelaba al cilicio hasta salpicar de sangre las paredes de su casa, María se contorcía y lloraba.

Como en la hora de la liberación económica la ha quedado grabado un presupuesto de pobreza, llega a parecer avara y agrava más su escatimación el que quiere hacer penitencia con el ayuno y la abstinencia.

Sólo quiere tener un cobijo para siempre, algo que parezca casa propia, y ella, que ha vivido de prestado, entrega unos miles de francos a la dueña de su casa para que la deje construir en el techo un departamento independiente, del que la casera será legataria a título gratuito cuando ella muera. La propietaria accede y María tendrá hasta su último día una casita añadida a un tejado de París y de la que nadie la podrá echar.

Es feliz –todo lo feliz que puede ser– y pinta el lado holandés y reborondo de la vida –ya lejos de su teratológica *Venus de Madrid*– a la par que retrata enfermas, convalecientes, niños –muchos niños–, criadas como cebollas que cortan cebollas, un mundo en que la pintora quiere hacer pintura sin demasiada complicación y con puro temor de Dios.

Los pintores, sus amigos, ven que es una gran pintora y un alma cándida y dulce y la acercan a su hogar, donde además tienen mujeres que necesitan iglesia en que rezar junto a una amiga.

Es contertulia de los polacos tristes, geniales y tuberculosos y de las polacas que visten con trajes muy elegantes y muy anticuados que pertenecieron a sus madres.

Necesita afecto y lo halla, sobre todo en casa de Juan Gris y de Lipchitz, sus dos amigos de siempre; el uno arquitecto de parecidos ideales en la pintura y el otro arquitecto escultórico.

Busca sus gabinetes íntimos, la hora de comedor sobre la mesa de tapete pacifico, en que hacen espiritismo misterioso, pues llaman a los muertos del porvenir más que a los muertos del pasado.

María, envuelta en toquillas, se vuelve a su casa como llena de regalos y al día siguiente, en el suplicio de reconstruir los aportes extraños del más allá en el tiempo y en el

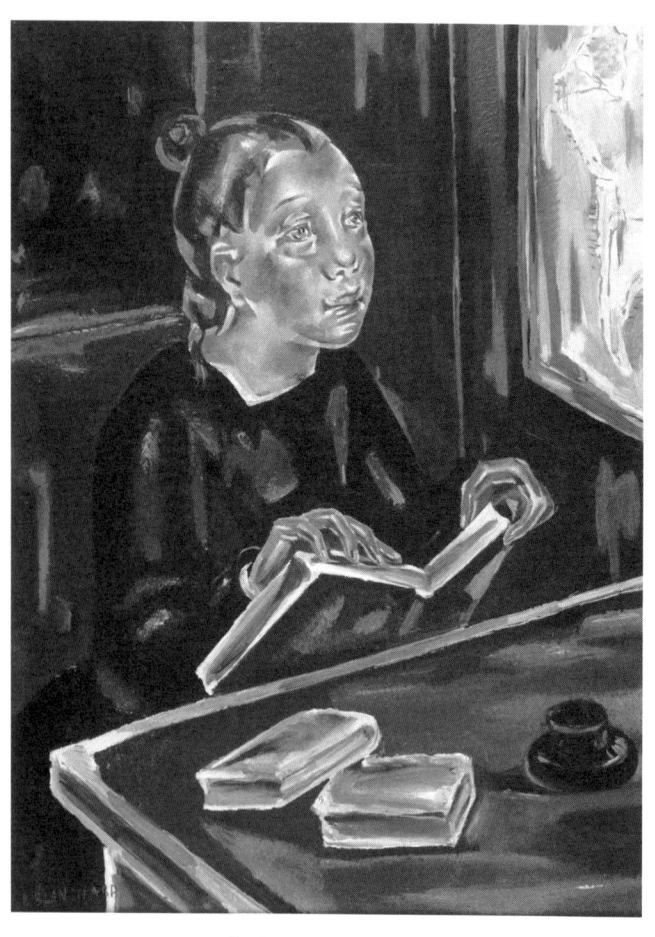

La lectora, 1925-1926
Musée d'Art Moderne de la Ville de Paris

82

espacio, caladas sus grandes gafas de zurcidora, pinta con temor y fe, pues sus colores son alimento que se ha quitado de la boca y cada pincelada es un sacrificio. ¿Cómo creer que se burla lanzándose a lo extravagante?

Va a dejar para los Museos del futuro unos seres transparentes, metidos en escafandras de color, sudando una materialidad de cristal, como si la gran mística sintiese que aún así su carnalidad agobiaba su espíritu.

Bajo fanales –y como si el barniz hubiese sido mezclado al color– presentan su hacería íntima todos los cuadros de María Blanchard, figuras y naturalezas muertas, llegándose a sospechar que Zurbarán pudo haber sido el maestro secreto de la pintora cubista.

Lo presenta todo para la compasión y lo que quiere atrapar de un modo magistral y nuevo es la jaqueca de lo real, la cabezota expresiva de las gentes, el dolor de muelas del mundo de carne y hueso.

Quería pedir gracia por esos seres y esas cosas, pintadas a todo color, con su rubor de vivientes, azorados y desairados en su delación.

María, que era fuerte en su catadura contrahecha, tanto ha minado su naturaleza, que cae enferma con una enfermedad de consunción que no hay quien pueda atajar.

Su misticismo llega a la hiperestesia, y gracias a que tiene un sacerdote que la vigila, se evita que profese, que deje a

83

los asilos sus cuadros y sus bienes, y él la disuade, la exige conformidad, y en el mismo coche en que ha huido del mundo con sus maletas vuelve con todo el equipaje a su chalet de los tejados.

Cada vez pinta mejor, como habiendo hallado la fórmula de una creativa porcelana como la de Delft, pero en su búsqueda se ha quemado las manos como un radiólogo experimentista y en su afán de alquimia se ha desintegrado a sí misma.

Quiere salvarse de su última enfermedad que la consume por días, sólo para dedicarse más a la pintura, como si fuese la suya una misión catequista y predicadora, mostrando la realidad a los hombres en una forma espectral y elocuente, como si gracias a esa placa negativa pudiesen encontrar mejor la positiva afirmación del alma.

"Si vivo, voy a pintar muchas flores", fueron sus últimas palabras de deseo artístico; pero el 6 de abril de 1932, cuando los trenes azules del Mediodía llegaban llenos de flores a París, murió la grande y enigmática pintora española.

Texto escrito en 1942

Apollinaire *Picasso, 1905-1918*

Richard Wagner *Arte y revolución*

Georg Simmel *Filosofía del paisaje*

Gertrud Stein *Picasso*

Walter Benjamin *París*

Carl Einstein *Los expresionistas alemanes*

Georg Simmel *Roma, Florencia, Venecia*

Toulouse-Lautrec *Ellas*

Ramón Gómez de la Serna *Pintores*

Georges Bataille *La oreja de van Gogh*

Georg Simmel *El rostro y el retrato*

Antonin Artaud *Balthus*

Theo van Doesburg *¿Qué es Dadá?*

Georg Simmel *Rembrandt*

Carl Einstein *Picasso y el cubismo*

Juan Gris *Posibilidades de la pintura*

Georg Simmel *Filosofía de la moda*

C.R. Mackintosh *La arquitectura verdadera*

Merleau-Ponty *La duda de Cézanne*

Marcel Proust *Pintores*

Walter Benjamin *Nápoles*

Oskar Schlemmer *El teatro de la Bauhaus*

Amedeo Modigliani *Retratos*

www.casimirolibros.es